RECTIFICATIONS

ET

INFORMATIONS.

Donzy, le 15 mai 1878.

Monsieur la Municipalité,

Je m'incline.

J'ai sous les yeux l'acte de naissance du sieur Faiseau, et il y est, ma foi ! bel et bien dénommé, en grosses lettres, avec trait d'union, Faiseau-Lavanne. Nous voilà donc forcés de renoncer à l'appeler tout court, moi, Faiseau, et vous, Lavanne. Ça va bien me gêner, et vous aussi. Mais enfin c'est comme cela et nous n'y pouvons rien, ni l'un ni l'autre.

Savez-vous, Monsieur, que c'est une odieuse tyrannie d'imposer un nom à un enfant sans demander si ce nom lui convient et s'il conviendra aux autres. Je ne dis pas cela pour vous, Monsieur. Certes, vous n'avez pas à vous plaindre. Vous avez trouvé, en naissant, dans votre berceau, un beau nom de printemps, chargé de boutons et de fleurs, auquel tout le monde sourit.

Sans vous, Monsieur, le citoyen Faiseau n'aurait pas à se plaindre non plus. Il a trouvé à son entrée dans la vie deux noms liés ensemble par un trait d'union, et il les a pris sans se douter que l'un de ces noms, Lavanne, aurait toutes vos tendresses, et l'autre, Faiseau, toute votre exécration. Que voulez-vous, Monsieur, il était bien jeune pour *prévoir les choses de si loin ;* il n'avait pas encore une grande expérience du monde. Il faut lui pardonner. Une autre fois, soyez-en bien convaincu, si pareille circonstance se représente, il ne manquera pas de vous consulter.

Voici donc un point éclairci. Passons à un autre, si vous voulez.

Figurez-vous que pendant que j'étais à la recherche du vrai nom du sieur Faiseau, il m'est tombé sous la main l'*Annuaire* de l'association des artistes musiciens, fondée en 1843 par M. le baron Taylor. Il y a là, Monsieur, des noms bien connus, dont vous avez peut-être entendu parler : Auber, Halévy, Meyerbeer, Liszt, Thalberg, etc., des compositeurs pour de vrai, ceux-là, n'ayant rien écrit, par exemple, pour les fanfares de province, il faut dire la vérité.

Les professeurs et les artistes du Conservatoire de musique, de l'Opéra, de l'Opéra-Comique, etc., font naturellement partie de l'association.

Mais combien j'ai été surpris de trouver dans la liste des sociétaires perpétuels..... Non ! vous ne devineriez jamais qui..... Lui, parbleu ! Faiseau-Lavanne, que vous nous donniez comme peu *mélodieux,* et que votre journal, la *République* de Nevers, a appelé, dans un français tout aussi barbare que le vôtre, peu *musical.*

Et ce n'est pas tout. Heugel, l'éditeur de musique, m'a montré des œuvres de maître qui lui ont été dédiées, à lui, Lavanne, parce qu'il n'était pas maladroit, à ce qu'il paraît, sur les cordes d'un violon; quoique je doute fort qu'il ait jamais été de votre force sur la corde roide.

Après cela croyez donc ce qu'on vous dit.

Ce n'est pas, Monsieur, que j'aie la plus petite intention de vous reprocher votre jugement sur les aptitudes lyriques de M. Faiseau-Lavanne à l'encontre de la musique. En pareille matière, il faut avoir la fibre de l'emploi, et je vous avoue franchement, sans y mettre aucune prétention, que, pas plus que vous, je ne possède cette fibre-là. Je pousse cela si loin, Monsieur, que je ne comprends pas que l'on puisse appeler musique, harmonie, le bruit que fait un orchestre avec tous ces instruments divers qui jouent, chacun, une chose différente, les uns ronflant comme une machine à battre, d'autres glapissant comme un chien perdu dans un bois, d'autres encore roucoulant comme des pigeons au colombier, tous n'ayant qu'une seule préoccupation : faire plus de tapage que le voisin.

Tenez, Monsieur, supposez, ce qui n'est pas absolument inadmissible, les membres de votre conseil municipal se mettant à parler tous à la fois et chacun sur un sujet différent, criant, divagant, hurlant à qui mieux mieux. Qu'est-ce que vous diriez d'un pareil tapage? Que c'est de l'accord, de l'harmonie? Allons donc, jamais! Vous commenceriez par imposer silence à ces citoyens-là, et vous leur direz : Messieurs, si nous voulons nous entendre d'abord, et nous comprendre ensuite, ne parlons pas tous à la fois; parlons l'un après l'autre, chacun à son tour.

Eh bien ! Monsieur, c'est exactement le cas pour la musique, et je suis bien heureux que vous partagiez mon sentiment à cet égard.

On me communique, au moment même où j'écris ces lignes, l'article que vous avez fait paraître dans la *République* de Nevers le 2 de ce mois. Ma foi, Monsieur, je ne vous féliciterai pas d'avoir mêlé à votre diatribe le nom d'une femme et en outre celui d'un ecclésiastique respectable, dont vous n'aurez jamais, je vous le prédis sans être sorcier, ni les talents ni les vertus. Dirat-on que c'est de votre part défaut de tact, manque d'éducation, ignorance profonde et absolue des devoirs et des usages du monde? Peut-être. Mais cela ne vous excusera pas, car, si vous aviez consulté votre cœur, vous n'auriez pas commis cette inconvenance. Dans tous les cas, Monsieur, croyez-moi, mettez-vous aux bonnes manières, tâchez d'avoir de la tenue et de la retenue aussi, ne craignez pas d'en avoir trop; appliquez-vous à acquérir du savoir-vivre; ça ne pourra pas vous faire de mal, et puis cela vous changera.

Voici pour le fond.

Quant à la forme, Monsieur, je veux croire qu'elle n'a pas été de votre part l'objet d'une assez longue méditation. Voyez donc un peu ce début *ex abrupto*, en phrase incidente :

« *N'y étant pas forcé.* »

Mais vous non plus *n'étiez pas forcé* de commettre cet hiatus capable de décrocher la mâchoire la plus solide, rien qu'à la simple vue.

Songez donc, pour un puriste comme vous ! un maître d'*enseignement supérieur libre !*

Libre oui, mais *supérieur*..... Hum ! hum !

Et que dire encore de cette mise en scène de ce pauvre directeur du journal, qui ne s'y attendait pas à coup sûr, et dont vous vous êtes fait une tête de Turc sur laquelle vous déchargez sans pitié, non-seulement ce que vous avez dit et redit dans votre prétendue réponse aux *Quatre ans de mairie*, mais encore toute une avalanche d'invectives, de grossièretés, d'injures, et de platitudes par-dessus le marché ?

Mais, Monsieur, est-ce sérieusement que vous croyez vous donner raison en appelant votre adversaire : valet ? Eh bien ! s'il vous appelait à son tour : palefrenier ! croyez-vous qu'il n'aurait pas autant de droit que vous, d'après votre propre logique, de se donner aussi raison ? De telle sorte, Monsieur, que ce serait celui de vous deux qui aurait le plus de sottises dans la bouche qui l'emporterait.

Singulière victoire, n'est-ce pas ?

Mais il y a autre chose là-dessous, Monsieur, que vous ne nous dites pas. Je serais porté à croire que votre exaspération a pour cause l'impossibilité où vous êtes de répondre à cette petite brochure jaune qui a relevé d'une manière si vive et si drôle, à ce qu'on dit, les assertions pleines d'erreurs et d'inexactitudes que vous avez commises dans votre prétendue réponse aux *Quatre ans de mairie*.

Je sais bien qu'il vous fallait absolument, pour vos frères, une réponse, et vous l'avez faite telle quelle, comme vous avez fait tel quel votre article de journal.

Mais pour celui-là, Monsieur, vous avez épuisé tout ce qu'il vous restait de sottises à écrire avec cette *plume d'oie* que vous aviez promise à votre *valet*, et que vous vous êtes bien gardé de lui passer, tant elle vous était indispensable pour vider le fond de votre sac. Aussi je vous défie bien à présent de tenter une réponse, dans quelque condition que ce soit, à ce maudit petit livre jaune.

A-t-il couru le monde au milieu de francs éclats de rire !

N'y étant pas forcé, Monsieur, vous l'avez bien voulu. Tant mieux pour vous !

Maintenant, Monsieur Fleury, c'est à vous que je m'adresse.

Vous, Monsieur, qui distribuez d'une main si prodigue des brevets d'incapacité et d'indignité aux autres, qui êtes-vous ? Car enfin, dans *votre pauvre et chère petite ville de Donzy*, comme vous l'appelez, sans plus songer à celle qui vous a vu naître, ingrat ! dans *votre* ville de Donzy où vous êtes apparu pour la première fois il y a deux ans, avez-vous bien conquis cette estime et cette affection que vous contestez à vos adversaires ?

Vous y êtes-vous signalé par un seul de ces actes de *dévouement et de patriotisme* qui, selon votre majestueux langage, *font de l'homme un citoyen.*

Quel service avez-vous rendu ?

Quel encouragement désintéressé avez-vous donné ?

Quelle œuvre utile avez-vous créée ?

Depuis que vous avez quitté les bancs de l'école, c'est-à-dire depuis dix-huit ans peut-être, qu'est-ce que vous avez fait ? Où avez-vous passé votre temps ? A quoi l'avez-vous employé ? Quelle profession honorable et sérieuse avez-vous exercée ?

Quelle capacité administrative et financière avez-vous déployée ?

Nous avons besoin de savoir tout cela, car, après tout, c'est nous, contribuables, qui aurons à payer, le cas échéant, les malheurs de votre habile gestion coopérative ; cela vaut bien la peine que vous nous aidiez dans la recherche de nos informations.

Je ne vous parle pas de la politique que vous avez faite. Il aurait bien mieux valu pour vous et pour nous que vous ne vous en fussiez jamais occupé ; car, par vos discours, vous avez porté le trouble et le désordre dans de pauvres esprits incapables de comprendre la fausseté et le péril de vos doctrines perverses et insensées, et vous avez allumé des jalousies et des haines dans des cœurs qui ne demandaient que la concorde, la paix et l'union.

Mais de tout cela vous n'avez, selon votre cliché, *cure ni souci*, emporté que vous êtes dans votre course échevelée aux 10,000 fr. de la députation.

La faim justifie les moyens, et vous avez prouvé que vous êtes affamé de pouvoir.

A suivre, citoyen Fleury !

Un contribuable de Donzy.

P. S. Vous pouvez vous vanter, citoyen, de m'avoir fait faire une lourde bévue. Vous aviez convié le sieur Lavanne à demander avec vous le *désectionnement* de Donzy. Le désectionnement ! qu'est-ce que cela pouvait bien être ? J'ouvre mon dictionnaire, rien ; je m'y attendais. Pourtant, à force de réfléchir, une idée lumineuse me traverse l'esprit. « J'y suis ! Il s'agit des boues qui infectent la ville ! » Et là-dessus me voilà parti comme un trait pour Champromain. Ah ! c'est le citoyen Faiseau-Lavanne qui a ri, mais qui a ri..... que j'en cours encore. Et il me criait de loin, de toutes ses forces : Oui ! oui ! je suis pour le *désinfectionnement* de Donzy, vous pouvez compter sur moi.

Vous voyez, Monsieur, ce que peut produire un barbarisme. Autant que possible, n'en faites plus, je vous en conjure. Tâchez de parler français et en bon français, et nous tâcherons de vous comprendre.

Nevers, Fay, Imp. breveté.

www.ingramcontent.com/pod-product-compliance
Lightning Source LLC
Chambersburg PA
CBHW061959070426
42450CB00009BB/2194